*MICHAEL GROISSMEIER · CARL THIEMANN*
## *STIMMEN IM LAUB*

*MICHAEL GROISSMEIER*
*CARL THIEMANN*

# STIMMEN IM LAUB

Druckerei und Verlagsanstalt »Bayerland« Anton Steigenberger
8060 Dachau, Konrad-Adenauer-Straße 19

Herausgeber: Druckerei und Verlags-
anstalt »Bayerland«
Anton Steigenberger, 8060 Dachau,
Konrad-Adenauer-Straße 19
Satz, Druck: Druckerei
und Verlagsanstalt »Bayerland«
Anton Steigenberger
Lithografien: Süddeutsche Klischee-
union, München
Buchbinderei: Grimm & Bleicher,
München

Alle Rechte der Verbreitung
(einschl. Film, Funk und Fernsehen)
sowie der fotomechanischen
Wiedergabe und des auszugsweisen
Nachdrucks vorbehalten.

© Druckerei und Verlagsanstalt
»Bayerland« Anton Steigenberger,
8060 Dachau, 1979
Printed in Germany
ISBN 3-9800040-5-8

# VORWORT

Als vor etwa zwei Jahren das anmutige kleine Buch »Unter dem Chrysanthemenmond«, Gedichte von Michael Groißmeier, Studienzeichnungen von Carl Thiemann, vor uns lag, sahen wir alle in ihm das, was es auch tatsächlich ist: etwas Einmaliges. Eben darum wollte niemand glauben, daß es möglich sein würde, noch einmal ein Zusammenspiel Groißmeier/Thiemann zustande zu bringen.

Aber da überraschte uns der Dichter: er brachte eine Mappe mit Gedichten, die anders waren als die im »Chrysanthemenmond« gesammelten. Dort hatte sich eine Schar von fast immer reimlosen kurzen Aussagen, oft vereinfacht bis zu der Form des japanischen »Haiku«, zusammengefunden. Was Groißmeier jetzt darbot, waren g e r e i m t e Gedichte, zumeist ganz einfache Vierzeiler, fast durchweg aus dem Freiraum der Natur, entstanden im Garten des eigenen Hauses oder auf den Wegen um Etzenhausen. Sie feiern die Natur im Wechsel ihrer Jahreszeiten, Bäume, Blumen, Früchte, Tiere und das, was als Geheimnis hinter allem Erschaffenem steht.

Von hier aus gab es auf einmal wieder einen Brückenschlag zu Thiemanns Werk! Auch seine Arbeiten entstammen dem Freiraum, auch bei ihm hat ein Garten, hat die Umgebung Dachaus eingewirkt. Im »Chrysanthemenmond« konnten wir auf den »Japonismus« im Schaffen der beiden Künstler hinweisen. Jetzt entdecken wir eine Verwandtschaft in der Art, wie sie inmitten der Natur, im besonderen der ihrer Heimat Dachau, steht. Sie finden hier beide das Bild eines steten heiligen Wandels von Werden und Vergehen.

Das ist es, was sie verbindet. Daneben gibt es — unverkennbar und ganz natürlicherweise — einen Abstand an Reife. Carl Thiemann lebte 1881—1966, Michael Groißmeier ist 1935 zur Welt gekommen. Thiemanns in diesem Bändchen gezeigte Werke stammen aus verschiedenen Zeiten seines Schaffens, aber sie alle erweisen den Künstler als abgeklärt und durchgekämpft zu einer ruhigen Lebensbejahung. Groißmeier hingegen ist noch jung, noch mitten im Werden, noch Schwankungen unterworfen, die ihn oft bis zu den dunklen Bereichen des Todes führen. Vieles noch offen, hoffnungsvoll.

Thiemann ist fast immer nahe der Vollendung, selbst wenn es sich — wie im »Chrysanthemenmond« — nur um Studienzeichnungen handelt, wo seine feine Künstlerhand auf die Suche geht nach der vollkommenen Form. In seinen Farbholzschnitten aber, wie wir sie hier zeigen, gibt es kein Suchen mehr. Hier wurde die Form bis ins Letzte erfahren und ausgeprägt, zumal ja jeder Farbholzschnitt eine Multiplikation vieler Studien darstellt.

Thiemanns Holzschnittwerk ist gut überblickbar geworden durch das kunsthistorisch fundierte Buch, das Klaus

Merx 1976 darüber herausgab. 1978 hat die Unterzeichnete auf Grund persönlicher Erinnerungen das Buch »Carl Thiemann, der Mensch, der Künstler« veröffentlicht, sich dabei auch besonders Thiemann als Maler zuwendend. Die beiden Bücher bieten ein vorzügliches Abbildungsmaterial. Trotzdem wird hier bei »Stimmen im Laub« noch einmal seither Unveröffentlichtes dargeboten. Somit erfährt der künstlerische Umkreis Thiemanns eine erneute Erweiterung.

Ottilie Thiemann-Stoedtner

# MÄRZABENDDÄMMERUNG

Die Zweige, zarteste
Wurzeln im Blau.
Sie saugen die Sterne
Wie Tau.

Wie der Stamm
In den Boden schwillt,
Da ihn der Himmel
Mit Sternen stillt!

Zutiefst in der Erde
Müssen Wipfel sich dehnen.
Ob in den Himmel
Sie laubig sich sehnen,

Daß sich Himmel
Und Erde vertauschen
Und die Wurzeln im Blau
Wie Wipfel aufrauschen?

## MÄRZMORGEN

Weidenzweige, die Wind
Wie Wimpern hebt,
Dahinter blind die Bläue
Von Augen schwebt.

Wie mich anrührt
Dein weißes Gesicht,
Betropft von Sterntränentau,
Den trocknet das Licht!

# PFLAUMENBLÜTEN
## Hommage à Wang Dschang-Ling

Unter all den Pflaumenblüten,
Ach, erkenne ich dich nicht!
Ob vor mir sie es behüten,
Blütengleiches Angesicht?

Aber bald hat leises Lachen
Dich verraten in dem Weiß.
Wo die Blüten dich bewachen,
Hat dein Mund bewegt sie leis.

## DER FALTER
Für Margit

Hat deine weiße Hand,
Auf der er Ruhe fand,
Den Falter so betört,
Daß ihn kein Anhauch stört?

Ein leises Zittern nur
Durch seine Flügel fuhr,
Als ihn im Falterschlaf
Mein heißer Atem traf.

Nun ruht er wie zuvor.
An deine Hand verlor
Sich sanft sein Flügelweiß.
Die ward zum Falter leis.

## DEIN ANGESICHT

Noch weißer ist dein Angesicht
Am Mittag im Lupinenlicht,
Als habe all sein Weiß betäubt
Ein Schmetterling auf dich gestäubt.

Die Haut wie Falterflügelhauch,
Das Haar wie Weidensamenrauch,
Der Mund wie Duft aus weißem Mohn,
So wehst du mit dem Wind davon.

## BEGEGNUNG

Dein Schatten,
Schön von deinem Schritt gewiegt,
Wie schmerzhaft er
Auf meinem Schatten liegt!

Sekundenlang
In meinem Herzen schlägt
Dein Herz, eh' es dein Schatten
Weiterträgt.

Wer mir den Namen
Deines Schattens nennt!
Wie mir dein Herz
In meinem Herzen brennt!

## IN EINER SOMMERWIESE

Zwischen weißen Schmetterlingen
Schwebt dein leichter Körper hin,
Kann den unsichtbaren Schlingen
Ihres Fluges nicht entfliehn.

Deinen Körper, sanft gebunden,
Schleift mit sich der trunkne Schwarm.
Stück für Stück ward mir entwunden:
Nacken, Hüfte, Schenkel, Arm.

## UNTER EINEM KIRSCHBAUM LIEGEN

Unter einem Kirschbaum liegen,
Schwerelos im Wipfellicht,
Und die Blüten sind verschwiegen,
Und das Laub verrät uns nicht.

Wie beim Kusse wir erglühten
— Mund fiel sanft dem Mund zum Raub —,
Haucht sich rötlich ein den Blüten,
Brennt sich rötlich ein dem Laub.

## NACH EINEM TANKA
Von Ki No Tsurayuki

Ich ging im Traum
Durch einen Garten,
Unter einem Baum
Auf dich zu warten.

Die Nacht schwamm blau
Im Sternenschweigen.
Ein kühler Tau
Fiel von den Zweigen

Auf Wangen blaß.
An dich ich dachte.
Mein Ärmel war naß,
Als ich erwachte.

## TORFSTECHER IM DACHAUER MOOS
Meinem Vater †

I
Umstakt von Störchen stachst du Torf.
Du sahst, wie sich in schwarzer Erde
Eidechse schälte aus dem Schorf
Der Haut, daß sie smaragden werde,

Und spürtest, wie aus dem Gehäut
Des Harms in dir die Freude schlüpfte,
Daß dir das Herz wie ein Geläut
Von blauen Glockenblumen hüpfte.

II
Mit Käfern teiltest du dein Brot.
Von deinem Trunk trank die Kamille
Und träufelte in deine Not
Die Linderung der Blütenstille.

Da klopfte leiser dir das Leid
In deinem Herzen und versiegte,
Die Haut schwoll dir zum Herrenkleid,
Das prunkend deinen Schmerz umschmiegte.

## HERKUNFT
Meiner Mutter †


Hat mich ein Gott ins Kraut gelaicht?
Entquoll dem Wasser ich als Quappe?
Und wie hab ich das Land erreicht,
Daß ich nicht blind durch Teiche tappe?

Wer hat mein Lurchherz aufgetaut?
War es ein Hauch der Sternenschlehe?
Wuchs mir ein Flügel, wo die Haut
Sich spannte zwischen Zeh' und Zehe?

Floh ich als Vogel aus dem Ried?
Wer löste mir zum Schrei die Zunge?
Wer riß nach leisem Vogellied
Das erste Leid mir aus der Lunge?

Wann fielen mir die Flügel ab?
Als ich am Himmel mich verbrannte?
Wer stieß mich in den Schmerz hinab?
Weil meinen Schöpfer ich erkannte

Und sann, zu sein dem Schöpfer gleich,
Der seine Seele in mich hauchte?
So seufze ich, seit aus dem Teich,
Aus Urnacht in den Tag ich tauchte.

## IM GRAS

Mit dem Gras verwächst mein Haar,
Grillenhöhle ward mein Ohr,
Und was einmal Lippe war,
Schiebt als Lattichblatt sich vor.

Übers Gras ein Windhauch weht,
Über meine Lippen hin,
Und ein leises Seufzen geht
Durch die Halme, die ich bin.

## SOMMER AM INN

Die Rinder ruhn im Schattenrund,
Von Licht und Laubicht braun gefleckt.
Von unten kühlt der Lattichgrund,
Von oben kühles Laub sie leckt.

Die Blätterzungen zupfen zart
Das Fell von Dorn und Distel rauh.
Dem Hirten streichelt Laub den Bart
Wie weiche Finger einer Frau.

Ob er von ihr, der Herde träumt?
Er lacht im Schlaf und hebt das Kinn.
Im Weidengrün tief unten schäumt
Und fließt in Schleifen schön der Inn.

In Schleifen ziehn die Wolken hin,
Als flöss' ein Fluß am Himmel auch.
Umkühlt von beiden Flüssen, bin
Im Wasser ich ein Zweig am Strauch.

## STIMMEN IM LAUB

Zur Nacht bin von Stimmen
Im Laub ich betört.
Ich hab beim Verglimmen
Des Dochts sie gehört,

Bei schweigender Kerze
Und stürzendem Stern.
Bald nah waren Scherze
Und Lachen, bald fern.

Ihr Stimmen des Gestern,
Ihr Stimmen aus Staub,
Von Brüdern und Schwestern,
Mit Zungen aus Laub!

# PAPPELN IM WIND

Ihr laubigen Zungen,
An die Zweige gebannt,
Wie fliegt ihr im Atem
Aus himmlischen Lungen,
Den Wind wer genannt!

Ihr flatternden Zungen
Im flirrenden Licht,
Was wollt ihr mich weisen,
Von Erkenntnis durchdrungen?
Ich verstehe euch nicht!

## PAPPELN IM ABENDWIND

Fährt der Wind durchs Laub der Pappeln,
Ist es mir wie Schuppenglänzen,
Zucken von Forellenschwänzen,
Die an tausend Angeln zappeln.

Sonne tropft wie Fischblut schimmernd
Aus dem Laub, aus aufgesperrten
Mäulern, die an Angeln zerrten.
Abendstern des Tods naht flimmernd.

## DIE SCHWARZE BEERE

In Spinnenfäden eingesponnen
Die schwarze Beere, wie ein Mund,
In kurzem Sommer süß ersonnen,
Vom Kuß der wilden Sonne wund.

O holder Beerenmund, gefangen
Durch einer Spinne Zauberei!
Prinzessin du mit Beerenwangen,
Ich küsse dich vom Zauber frei!

## DER FREMDE WIND

In meinen Garten weht
Ein fremder Wind herein.
Da seufzt der Gott aus Stein,
Der tief im Laubicht steht.

Sein weißer Marmormund
Hat leise sich bewegt.
In seinem Atem, wund,
Hat sich das Laub geregt.

Mit wehen Zungen hat
Es mitgeseufzt am Strauch.
An einem Zweig ein Blatt
Ist meine Zunge auch.

Im Marmoratem singt
Von fernen Gärten sie,
Von Damen, mondberingt,
Mit weißem Arm und Knie.

Von Fenstern Gamben wehn.
Ein Brunnen lacht empor.
Die schönen Damen gehn
Durch den Orangenflor.

Und als der fremde Wind
Verebbt in Baum und Strauch,
Da schweigt der Gott, da sind
Verstummt die Seufzer auch.

Der Stein, vom Wind erweicht,
Nun ist er wieder hart,
Der Mund, geöffnet leicht,
Im Seufzen sanft erstarrt.

Das Laub ist grün erschlafft
Und schließt dem Gott den Mund,
Der schattendunkel klafft,
Steinkühl und seufzerrund.

An einem Zweig ein Blatt
Ist meine Zunge still,
Die laut gesungen hat,
Nun nur mehr schweigen will

Und an des Gottes Mund,
An seinen Lippen ruhn,
Von Sang und Seufzen wund,
Vom Wind aus Avalun.

## ROTHENBURG OB DER TAUBER
Für Friedrich Schnack †

Aus Fensterhöhlen blüht der Schlehdorn weiß,
Die Wurzeln festgekrallt in Mauerritzen.
Mir ist, als sähe ich am Fenster leis
Im weißen Häubchen eine Jungfrau sitzen.

So saß sie wohl um Fünfzehnhundertzwei,
Bei jedem Gruß die Wangen hold erglühten.
Ein Windhauch — ach, da ist das Bild vorbei:
Das Häubchen löst sich auf in Schlehdornblüten.

## HOMMAGE Á OSKAR LOERKE

I
Sarabande

Noch immer, wenn aus fernem Himmelsrande
Der Gott der Welt auf seinem Floße fährt,
Ertönt die alte süße Sarabande,
Die dich betörte und auch mich versehrt.

Durchschauert fängt die Seele an zu summen
Und summt sich in die Sarabande ein
Und will nur summen, nimmermehr verstummen,
Und will die Sarabande selber sein.

## II
Pansgesang

Nun singt der Gott und schlägt die Himmelsharfe.
Die Erde schwingt und alle Wesen schwingen mit.
Die Seele zittert in des Leibes Larve,
Da sie den Atemhauch des wilden Gottes litt.

Wie schmerzhaft sind die Flügel ihr gefaltet
Im Leib, der sich verzückt dem Gott entgegenbiegt!
Bis sich die Hülle jäh im Anhauch spaltet
Und leicht die Seele in des Gottes Atem fliegt.

## GOTISCHES MARIENBILD

Maria sitzt im Rosenhag,
Das Kindlein auf dem Arm.
Wo es zu ihren Füßen lag,
Sind noch die Gräser warm.

Wo es zu ihren Füßen saß,
Da blühen Rosen auf
Und ranken rot sich aus dem Gras
Am weißen Knie hinauf.

Die Rosendornen sind gelind,
Kein Dorn Marien ritzt.
Die Rosen blühen auf zum Kind,
Das still im Arm ihr sitzt.

Die Füßchen auf zwei Rosen ruhn,
In Duft und Blütengold.
So sitzt in roten Rosenschuhn
Das Kind und lächelt hold.

## DER KIRCHTURM
(Steinkirchen)

Der Kirchturm war mir in der Morgenröte
Wie eine riesenhafte weiße Flöte.
Aus allen Luken schwirrten mit Gebraus
Die Tauben hell wie Flötenton heraus.

Mir schwollen ungeheuer an die Lippen.
Das Herz schlug glockengroß an meine Rippen.
Zur Flöte ward der Turm an meinem Mund.
Ich flehte auf zum Himmel, blies mich wund.

## ZWIEGESPRÄCH
Für Heinz Piontek

I
*Geflecht von alten Bäumen fängt mich ein.*
Ich muß wie du darin gefangen sein.

Das Astgewirr vergittert meinen Blick.
Das Schattengitter striemt mir das Genick.

Die Augen suchen am Gezweig hinauf.
Das Gitter tut sich meiner Flucht nicht auf.

Es brennt sich schmerzend den Pupillen ein.
Ich muß im Baumgeflecht gefangen sein.

Ich dreh mich immerzu im Wipfelkreis
Und weine, weil ich kein Entrinnen weiß.

II
*Doch in den Böhmerwald komme ich nie*

*nein in den Böhmerwald*
*nur auf einem gemalten Schlitten*

Ich bin auf einem chinesischen Schimmel geritten,
Den ich einem Bild entlieh
Von Han Kan, Tang-Dynastie —,
Und reite einher neben deinem Schlitten,
Aber an kommen wir nie.

TAUBEN
Für Heinz Puknus

Tauben, die wie Karavellen
Leicht das Himmelsmeer befahren,
Gleitend durch die Wolkenwellen
Weich im Wind aus künftgen Jahren.

Unten Kirchen wie Korallen,
Häuserfische mit den roten
Dächerflossen. Weiße Quallen:
Blütenwipfel über Toten.

## TAUBENTOD
Hommage à Georg Britting

Der tags faul in der Wiesensonne schnurrt,
Am Abend wird auf Katzenpfoten, weichen,
Er dich in deinem Taubenschlaf beschleichen,
Dein Herz zu fangen, das im Traume gurrt.

Wenn er sich in dein Taubenherz verbeißt
Und es zerreißt mit seinen Katzenkrallen,
Meinst du, durch einen milden Stern zu fallen,
Der tränenschneegezackt am Himmel gleißt,

Und meinst zu fallen durch ein Sternentor.
Ein weißer Taubenengel schwebt davor
Und fängt dich auf mit sanftem Flügelschlagen

Und stößt dich flügelnd in den Himmel vor,
Drin flattert froh ein Taubenchor,
Dich flötend hin zum Taubengott zu tragen.

## TRAUMGAZELLEN

Träume fliehn durch meinen Schlaf,
Traueräugige Gazellen.
Sterntau tropft von ihren Fellen.
Wie ihr rascher Blick mich traf!

Nah schon die Schakale bellen,
Schatten schwarz im Mondenhellen.
Hetzend meine Traumgazellen,
Schnauben sie durch meinen Schlaf.

# HERRENCHIEMSEE

Sind das nicht Kutscherrufe?
Durchs Laubicht schnaubt ein Roß.
Ertönen Einhornhufe?
Fährt Ludwig hin zum Schloß?

Sein Königsmantel schimmert
Blau zwischen Bäumen hin.
Ob blau nur Wasser flimmert,
Durch das die Schwäne ziehn?

Die braunen Kühe weiden
Hinunter sanft zum See.
Das Laub glänzt grün und seiden
Am Schilfpfad, den ich geh.

Ich muß den König suchen,
Ich muß den König sehn!
Die Pappeln und die Buchen
Das Königsschloß umstehn.

Ob Ludwig sie bewachen?
Ich hab ihn nicht gesehn.
Ich höre nur sein Lachen
Durch Laub und Röhricht wehn.

## GARTEN IM MÄRZ
Für Friedrich Schnack †

Daphne wandelt durch den Garten
— Morgendlich die Wange glüht —,
Küßt den Seidelbast mit zarten
Lippen, daß er rot erblüht.

Brünstig braune Knospen schwellen,
Da die weiße Brust sie streift.
Ahnung goldner Mirabellen,
Wo ihr Blick im Kahlen schweift.

Veilchen schlagen ihre blauen
Augen auf, wo Daphne ging,
Und ihr Lächeln lockt aus lauen
Lüften einen Schmetterling.

Morgenwind in Daphnes Haaren,
Harfenton, der sanft erschreckt.
Und mein Herz, in vielen Jahren
Tief vom Laub des Leids bedeckt,

— Da an meine Bitternisse
Rührt ihr wallendes Gewand —
Wird zur zitternden Narzisse
Zauberisch in Daphnes Hand.

## BLAUER RITTERSPORN

Welche Unsichtbaren kämpfen
Gegen mich mit blauem Rittersporn?
Hätte ich, den Hieb zu dämpfen,
Wie einst Siegfried eine Haut aus Horn!

Doch verwundbar bleibt mein Nacken,
Salbt ihn Sommer sengend auch mit Braun!
Treffen ihn die Blütenzacken,
Stürzt er — Rittersporn blüht blau am Zaun.

## CHINESISCHES BLUMENBILD

Feuerlilie, hingemalt
Leicht auf gilbendes Papier.
Lilie, tausend Jahre alt,
Doch wie duftend her zu mir!

## DER EINHORNPFAD

Ich geh im Traum den Einhornpfad.
Der führt an milden Wassern hin,
Darin die Mondin nimmt ihr Bad,
Die scheue Einhornreiterin.

Ich spähe atemlos durchs Laub.
Da hallt ein Huf, da zürnt Geschnaub,
Da zuckt ein Blitz in meine Lust:
Das Einhorn zielt auf meine Brust.

## AQUARELL

Im Wellenblau des Ozeans
Ein Inselgrün.
Ist's auch nicht Irland,
Ist's doch meine Insel,
Die ich mir malte
Und im Geist bewohne kühn,
Mit der ich untergeh
Im Wogensturz
Aus meinem Pinsel.

## GEWITTER

Der Abend ist bitter
Von Minze und Salbei.
Es flattern Gewitter
Wie kämpfende Hähne vorbei.

Mit blitzenden Schnabeldegen
Fechten sie gut.
Ein warmer Regen
Rieselt hernieder, Hahnenblut.

Kein Tropfen geht verloren,
Ein jeder wird Mohn.
Klirrend mit Donnersporen
Hinken die Gewitter davon.

## IM LUPINENLICHT
Für Rupert Schützbach

Ich habe noch im Ohr die Hummeln.
Sie nippten vom Lupinenlicht
Und streiften mit den Flügelstummeln
Berauscht im Aufflug mein Gesicht.

Die Gottheit atemlos ich spürte,
Und immer noch brennt mein Gesicht,
Wo sie, verwandelt, mich berührte,
Wie nie mehr, im Lupinenlicht.

## SOMMERABEND

In goldner Fäulnis schmiegt
Das Fleisch zerplatzter Pflaumen,
Das leicht im Mund mir liegt,
Sich lüstern an den Gaumen.

Durchsüßt mit einemmal
Bin ich vom Schmerz der Früchte,
Da ich vor meiner Qual
In ihre Süße flüchte.

Der bittre Pflaumenkern,
Im Mund mir laut zersprungen,
Schwillt an zum sanften Stern
Und hüpft auf hundert Zungen
Im Hauch aus hundert Lungen.

## UNTER DEM BIRNBAUM

Ich höre in der Dunkelheit
Die Wespen in den Birnen schaben
Und höre, wie in Trunkenheit
Sie tiefer sich ins Fruchtfleisch graben.

Ich höre, wie den sanften Saft
Sie aus den Birnenzellen schlürfen.
Ach, wie die Wespen, süß erschlafft,
In Saft und Fruchtfleisch schlafen dürfen!

Ach, schlafen in der Frucht im Baum,
Bis mich die trunknen Wespen wecken!
Ich höre noch bis in den Traum
Die Wespen schaben, schlürfen, schlecken.

## DAS FRUCHTGRAB

Mit Wespenflügeln summen
Durch leichtes Laubicht hin,
In einer Frucht verstummen,
Von der ich trunken bin.

Im kühlen Fruchtfleisch liegen,
Von süßem Saft umschwellt.
Mag Wind mein Fruchtgrab wiegen,
Bis einst es polternd fällt!

## NÄCHTLICHER GARTEN

Von den Bäumen tropft
Kühle Sternenstille.
Vogelherz, das klopft,
Und es zirpt die Grille.

Frucht, die niederbricht.
Was zuckst du zusammen?
Meine Seele, licht,
Brennt in Dahlienflammen.

## DIE SONNENBLUME

Die Sonnenblume neigt das runde
Gesicht, birgt es im goldnen Haar,
Denn eine brennend blinde Wunde
Klafft, wo ihr einzig Auge war.

Die Vögel hackten ihr die Kerne,
Das schwarze Sommerauge, aus.
Nun sieht die Sonne sie, die ferne
Tagschwester, nicht mehr überm Haus.

Den brüderlichen Mond, die Schwestern
Zur Nacht, die Sterne, kann sie nicht
Mehr leuchten sehen wie noch gestern,
Da selbst Gestirn sie war und Licht.

FELDWEG
(Hinter Etzenhausen)

I
Spur von Pferdehufen,
Eingedrückt dem Lehm.
Gilt das Vogelrufen
Mir und irgendwem?

Rötlich glänzt die Beere.
Glühn mich Augen an?
Dornen, winz'ge Speere,
Wehren mir die Bahn.

Werde ich erkunden,
Wer hier vor mir ritt,
Wer aus sanften Wunden
Blutete und litt?

II
Spur von Pferdehufen,
Eingedrückt dem Lehm.
Gilt das Vogelrufen
Mir und irgendwem?

Spur von Krähenkrallen
Kreuzt die Pferdespur.
Durch das Blätterfallen
Seufzt die Kirchturmuhr.

Gilt ihr sanftes Schlagen
Mir und irgendwem?
Laub fällt in mein Fragen,
Deckt die Spur im Lehm.

## WIDDER, ALS HÄTTEN SIE FLÜGEL

Am herbstlichen Hügel
Weiß hinschäumende Herde,
Widder, als hätten sie Flügel,
Wie Wolken zu fliehn von der Erde.

Wer könnte sie halten,
Nicht die rennenden Hunde,
Der Hirt nicht, der steht mit geballten
Fäusten und offenem Munde!

# SEPTEMBERMORGEN

Am Sommerflieder saugen
Die Falter Duft und Tau.
Ich bin in ihren Augen
Ein Schatten groß und grau,

Vor dem sie weiterrücken
Ins Morgensonnenlicht.
Ich wollt' den Flieder pflücken,
Nun pflücke ich ihn nicht.

Ich laß die Falter saugen,
Sie saugen Tau und Duft,
Und in den Falteraugen
Zerfließe ich zu Luft.

# WINDWIRBEL

Alles zieht der Wind in seinen Wirbel,
Apfellaub und Zapfen von der Zirbel,
Zeisigfedern, Stroh und Straßenstaub,
Und auch eine rote Rosenblüte,
Die zur Nacht an einem Mund verglühte,
Niederblätternd fällt dem Wind zum Raub.

Alles dreht im Kreis sich, wird zum Kreisel,
Angetrieben von des Windes Geißel,
Hochgepeitscht zum Himmel, Geisterspiel,
Und ist wie ein Spuk im Blau zerstoben.
Nur ein Rosenblütenblatt weht oben,
Sonne, bis auch sie in nichts zerfiel.

## WIND. EIN WENIG REGEN

Wind. Ein wenig Regen.
Zweige, die sich sacht
Hin und her bewegen.
Unaufhaltsam Nacht.

Ach, was wird mir bleiben:
Zweige, die sich sacht
Aneinander reiben,
Regen in der Nacht!

## UND NICHTS IST GEBLIEBEN

Gesprochen, geschrieben —
Das Wort, das Papier —
Und nichts ist geblieben
Von dir und von mir.

Das Laub an den Zweigen
Erinnert sich nicht.
Wir sind ganz im Schweigen
Von Schatten und Licht.

## MEIN TOD

Sanft vom Wind wie Weidensamen
Möchte ich zerblasen sein,
Ohne Schmerz, wenn Gott spricht Amen
Über meine Angst und Pein,

Leicht durch kühle Sommer schweben,
Weißer Weidensamenhauch,
Bis aus jedem Samen Leben
Neu erwächst, ein Weidenstrauch.

## ALS BAUM

Ich wachse in das Leben
Zurück als Baum.
Die Augenlider heben
Sich laubig aus dem Todestraum.

Ich blicke mit blinden
Fruchtgrünen Augen nach dir.
Du wirst den Vogel nicht finden,
Der süß singt in mir.

Der Vogel wird schweigen
Und du wirst gehn.
Mit seufzenden Zweigen
Bleibe ich stehn.

## VERLASSENE FOHLENWEIDE
In Eisingertshofen

Am Weidezaun weht Fohlenhaar,
Von Frost und Frühwind weiß bereift.
Ob schwarz, ob braun, ob falb es war,
Erfühlt die Hand es, die es streift?

Vom Nebel ist die Luft durchdampft.
Umwölkt mich Fohlenatem feucht?
Hat nicht ein Huf hell aufgestampft?
Von meinem Seufzen aufgescheucht,

Nur eine Krähe flattert fort.
Und doch: dem Dunst enthüpfte kühn,
Den Huf gehüllt in Funkensprühn,
Ein Fohlen, fände ich das Wort!

## SOMMERMITTAG
Für Friedrich Schnack †


Auf die Sonnenuhr, sekundenlang,
Legt sich leis ein Flügelschatten,
Und ich fühle meinen Herzschlag bang
Einen Augenblick ermatten.

Augenblick, ganz ohne Maß und Zeit.
Herz, ach, wirst du ihn bestehen,
Ahnend, wie einst in der Ewigkeit
Gottes Uhren schrecklich gehen!

## AM WEGRAND

Wie Menschenhaar das Gras im Frühwind saust.
Der Maulwurfsgang ein krumm gezogner Scheitel.
Ist hier noch im Verwesen einer eitel?
Ein Klumpen Erde ballt sich braun zur Faust.

Zu Staub zerbläst sie geisterhaft der Wind.
Ein Kupfer blinkt. Das hielt sie wild umklammert.
Ob aus der Erde ein Erschlagner jammert?
Die Maulwurfslöcher starren totenblind.

## NACHTS

Kerzenflamme, flackernde Zunge
Von einem lüsternen Tier,
Wie nach der Mutter das Junge
Leckt sie nach mir,

Schleckt mir die Finger, die Feder,
Das Schreibpapier
Und züngelt nach jeder
Zeile, die ich probier',

Und will ein Feuer entfachen
Aus knisternder Schrift.
Wie gegen einen flammenden Rachen
Fecht' ich mit zitterndem Stift.

## ALS DU STARBST
Für Josef †


Unter deinem letzten Hauch
Brach das Nußlaub von den Zweigen,
Fing der Mond an sich zu neigen,
Stürzte Stern um Stern vom Strauch.

Als dein Atem war verhaucht,
War das Laub zur Ruh gesunken,
War der Mond im Meer ertrunken,
Stieg die Sonne reifumraucht.

## GRABINSCHRIFT

Die Bäume liebte er am meisten
Und nannte seine Brüder sie
Und liebte auch die weitgereisten,
Die Winde aus der Normandie,

Und Wandervögel aus dem Norden,
Die Wolken, bairisch, und aus Rom.
Nun ist er selbst zum Hauch geworden,
Nichts weiter mehr als ein Arom,

Beachtet kaum von deinem Gaumen,
In schnellem Trunk hinabgespült,
Und ist das Glas an deinem Daumen,
Der Wein, der dir den Mund gekühlt.

## DOCH NIEMALS RUFT EINER
Für Horst Bienek

Immer in die Erde gesenkt werden,
Gesalbt, in Linnen gewickelt
Oder in einem hölzernen Sarg,
Ob in Baiern, Judäa,
Immer ist es die nämliche Erde,
Die einst Lazarus barg,
Und die duftet wie eh
Nach der märzlichen Kühle des Taus —
Doch niemals ruft einer:
»Lazarus, komm heraus!«

## HERBSTSTURM IM DACHAUER MOOS
Hommage à Carl Thiemann

Die Hügel stemmen sich, Nacken
Von Stieren, gegen den Sturm.
Die Sturmfäuste packen
Den stierhörnigen Turm.

Doch nichts, was die Häupter, die Hänge,
Von Stiergöttern gezeugt,
Die Herde, das Hügelgedränge,
Das wiesenhaarwogende, beugt!

Die Hügel stoßen die Türme,
Das Stiergehörn, in die Stürme,
Und aus dem Wolkenbauch bricht
Ein Regen, durchronnen von Licht.

# WINDMÜHLE

Die Flügel schaufeln Sternenkorn.
Das mahlt zu Mehl der Mühlenstein,
Und mahlt den bittren Mond hinein,
Der prallrot schwankt am Beerendorn.

Und jede Nacht reift neues Korn.
Der Mahlgang, horch, beginnt von vorn!
Das Sternkorn knirscht wie Totenbein.
Das mahlt wer schwarz ins Mehl hinein.

Unhemmbar geht der Mühlenstein.

## NOVEMBERABEND
Für Hachiro Sakanishi

Das Rot der Berberitzen,
Der Abend löscht es aus.
Wie Vögel, hungernd, sitzen
Die Sterne vor dem Haus.

Da ist ein Fensterklirren,
Das Licht der Lampe lacht.
Die Sterne leis entschwirren
Wie Vögel in die Nacht.

## AMSELN IM SCHNEE
Für Heinz Piontek

Und sanfter ist ihr Schwarz im Weiß,
Das leicht auf ihren Flügeln liegt,
Wie Luft, die sie durchflogen leis
Und die gefror zu Schnee und Eis,
Daß sie kein Flügel mehr durchfliegt.

## DEZEMBERMOND

Dezembermond, ein Fisch, ist rot
Im Eis des Teiches eingefroren.
Der Stern daneben, ein Stück Brot,
Ging seinem Hungermaul verloren:

Da er vorbeitrieb, fror er ein.
Der Mondfisch, der am Sternbrot zerrte,
Erstarrte zwischen Kraut und Stein,
Als er zum Mahl sein Maul aufsperrte.

## BLICK DURCH DAS FENSTER
Für Ernst R. Hauschka

Vom Schneegezweig
Durchwirrt der Blick.
Die Wanduhr schlägt
Mir ins Genick.

Der Nacken zuckt
Beim Hieb der Zeit.
Von Flocken ist
Der Blick verschneit.

Dem Zeiger beugt
Der Nacken sich,
Dem Henkerschwert,
Sekundenstich.

Wie wird das Aug',
Vom Schneegeflecht
Umgittert weiß,
Leicht und gerecht!

Das Fenster klirrt
Im Autolicht.
Die Scheibe hält.
Der Blick zerbricht.

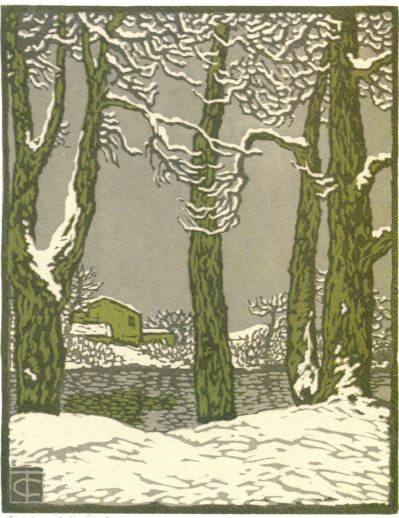

## DEZEMBERNACHT
Für mein Töchterchen Andrea

Saust ein Schlitten übern Schnee,
Sitzt darin die Winterfee.
Sterngeschmeide blitzt am Arm,
Und der Wolkenpelz hält warm.

Schimmel Mond trabt leicht dahin.
Schöne Schlittenlenkerin,
Rauhreifzart, Dezembernacht,
Schwingt des Windes Peitsche, lacht.

Schnell auf Lichtes Kufen leis
Schleift der Schlitten übers Eis.
Wie ein Glöckchen klingt der Baum
Hell in meines Kindes Traum.

WINTERABEND

Atemwolken schweben
Vor den Mündern her.
Seelen, die sich heben
Weiß aus Herzen schwer?

Schatten, die entschwinden
In ihr Leid, ihr Glück.
Ihre Seelen aber finden
Nicht in sie zurück.

## SCHNEETREIBEN

Die Schneeflocken treibt
Der Wind vor sich her
Wie Lämmer, beleibt
Und muttermilchschwer.

Das sanfte Geschnauf
Am Ohr ist ihm lieb.
Die Wolle stiebt auf
Beim nußgrünen Hieb.

Der Stecken, der saust
Gar zärtlich herab.
Es stößt sie die Faust
Zu schnellerem Trab.

Der Stall ist noch fern.
Kein zögerndes Lamm
Der Hirte hat gern.
Die Faust ist ihm klamm.

Der Weg ist noch weit
Und nirgends ist Klee.
Der Weg ist verschneit
Vom lammweißen Schnee.

Das trottet und trabt,
Das wirbelt und wallt,
Das scheuert und schabt,
Das knistert und knallt.

Der Wind treibt mich mit.
Er hat mich am Arm
Und weist mir den Schritt.
Die Herde ist warm.

Die Herde ist gut.
Sie wiegt mich in Schlaf.
Wie wohl es sich ruht
Bei Hirt, Hund und Schaf!

Die Wolle deckt weiß
Mich Schlafenden zu.
So schlafe ich leis
In ewiger Ruh.

# NACHWORT

Nur wenige Jahre sind vergangen, seit jede Erwähnung von Lyrik, von Gedichten, bis in die Verlagslektorate hinein nur müde-resigniertes Achselzucken auslöste. Die Situation hat sich inzwischen, gottlob, entscheidend verbessert: Von einer Lyrik-»Renaissance« konnte gesprochen werden, von der »Wiederentdeckung des Gedichts«; Lesungen aus Versbänden finden in wohlgefüllten (mitunter gar überfüllten) Sälen statt, die Zahl der Lyrik-Veröffentlichungen stieg spürbar an. Auch auf der Seite der Produzenten wird Lyrisches wieder als rechtens »machbar« empfunden, ja, neue respektable Talente traten zeitweise bevorzugt als Gedichtschreiber (oder »Liedermacher«) auf.

Zu übertriebenem Optimismus besteht dennoch kein Anlaß. Einmal kann niemand wissen, wie lange »Wellen« gleich dieser anhalten, zum andern ist zu sagen, daß das so erfreuliche »Comeback« des Lyrikers, soweit es Gegenstand neu belebter publizistischer Aufmerksamkeit wurde, nur ein teilweise gelungenes blieb. Denn so wichtig und bestimmend für die literarische Physiognomie der siebziger Jahre der Typ des da vor allem beachteten und geförderten persönlichen Alltags- und Erlebnisgedichts — Kennmarke: »neue Subjektivität« — sein mag —, allzu wenig profitierten Autoren von der Gedicht-Renaissance, die, kaum minder qualifiziert, anderen Zielen auf anderen Wegen zustrebten: der Bewahrung geschlossener Formen etwa, ausgeprägter Musikalität und Rhythmik, entschiedener Konzentration auf das poetische, aus dem Landschaftserlebnis gewonnene Bild. Damit sind immer auch festzuhaltende Möglichkeiten markiert, die über Jahrhunderte allen anderen voran als die eigentlich lyrischen galten. Sich auf sie zu berufen, muß auch heute noch »erlaubt« sein, ist vielmehr aller Ehren wert. Namen wie Loerke, Lehmann, Huchel, Eich, Krolow oder Piontek stehen für die durchaus auch »moderne« Tradition einer unzulänglich so genannten »Naturlyrik« — im Kontrapunkt zu der prosanahen, kritisch »Bewußtsein« erkundenden Reflexionslyrik, wie sie in doch wohl zu betonter Ausschließlichkeit derzeit die »Szene« beherrscht. Nur selten von der Kritik recht erkannt und gewürdigt, setzen stillere Geister, etliche Einzelgänger rings »im Land« solche Tradition lebendig fort, vermehren auf ihre Weise Bestand und Reichtum der Literatur um Wohlgelungenes. Einer von ihnen ist *Michael Groißmeier,* geboren 1935, Verfasser von neun Versbänden, von denen vier nach eigener Angabe »zählen«.

Die gängige Vokabel lautet »bodenständig«: Groißmeiers Vater entstammt einem alten Bauerngeschlecht, das schon seit mindestens 350 Jahren im Dachauer Raum nachweisbar ist; die Vorfahren der Mutter — Gerber, Tuchmacher oder Weber — waren um 1800 aus der Oberpfalz — der Gegend von Grafenwöhr — als Siedler ins Dachauer Moos gekommen; auch diese Herkunft läßt sich bis ins 17. Jahrhundert zurückverfolgen. Auf das »Oberpfälzische« in sich führt Groißmeier den »Ernst«, die starke Neigung zur Schwermut zurück, die sein Wesen und sein Werk kennzeichnen. Das Kind freilich sei eher heiteren Sinnes gewesen, und gewiß waren es auch die schmerzhaft von außen eingreifenden Erfahrungen, die den Wandel verursachten, die den Jungen — wie viele seiner Generation — noch vor Beginn der Reifezeit jäh »erwachsen« sein ließen: Zwangsdeportierte Russinnen hatte man schon oft an den Geleisen sich abschinden sehen, auch die Arbeitskommandos aus dem nahen Konzentrationslager — nun aber, 1945, nach dem Einmarsch der Amerikaner, erkannte, erlebte der Zehnjährige das Schreckliche in seinem ganzen Ausmaß: Buchstäblich Berge von Leichen ermordeter und verhungerter Häftlinge und Kriegsgefangener hatten sich in den letzten Tagen des Regimes gehäuft — Fuhrwerk auf Fuhrwerk wurden sie jetzt im Schrittempo von Bauern durch Dachau hindurch zum Waldfriedhof und zu Massengräbern auf dem Leitenberg transportiert. Es war ein barbarischer Schock, der den Heranwachsenden traf. Zuvor schon hatte er mitansehen müssen, wie Amerikaner vier deutsche Soldaten erschossen, einen trotz verzweifelten Flehens, sein Leben zu schonen. Der ein für allemal geöffnete Blick für die dunkle, die Todesseite des Daseins, nahm auch später intensiver wahr, worüber der der anderen, nur flüchtig beeindruckt, hinwegglitt: eine Unfalltote in ihrem Blut, an der man unvermittelt vorüberfuhr; eine Ertrunkene — ihrer so brutal ausgelöschten Existenz spürte man geradezu zwanghaft nach. Groißmeier erwähnt auch, wie der Tod eines kleinen Neffen, der schon mit 13 Monaten starb, ihn heftig ergriff.

Die frühe Ernsthaftigkeit und Reife mag die Eltern bewogen haben, ihn für den Beruf des Geistlichen zu bestimmen. Ab 1946 besuchte er das Domgymnasium Freising und wurde im benachbarten, ebenfalls auf dem Domberg gelegenen Erzbischöflichen Knabenseminar untergebracht. Eine wiederum entscheidende Wende in seinem jungen Leben: Die folgenden acht Jahre, die Groißmeier im Internat verblieb, wichtige Jahre des inneren Werdens und Wachsens, standen im Zeichen strenger Zucht, eines genau zu beachtenden Reglements: nur viermal jährlich gab es Urlaub nach Hause, zum Ausgang in die Stadt waren mindestens Dreiergruppen zu bilden. War es zufällig, daß der Halbwüchsige in dieser Zeit die Musik für sich entdeckte, das Geigenspiel erlernte und bis zu einem Grade ausbildete, der ihn heute befähigt, öffentlich in der Kirche aufzutreten? Die Musik mag ihn damals für manche Entbehrung des Gefühls entschädigt haben. In der Literatur war Theodor Storm die große Entdeckung — einigermaßen verblüffend bei dem Süddeutschen Groißmeier, sehr wohl begreiflich aber, wenn man sich das vorherrschend melancholische Wesen Stormscher Poesie oder ihre Musikalität vergegenwärtigt. Auch manche andere literarische oder allgemein geistige Anregung war den strengen Freisinger Lehrjahren immerhin zu danken — an der nötigen Konzentration fehlte es jedenfalls nicht. Der Dichter Groißmeier rührte sich allerdings relativ spät, erst mit 18, und auch dann zunächst »nur« mit Scherz- und Spottversen zu unmittelbarem pennälerhaften Gebrauch,

denen jedoch bald die obligaten Liebesgedichte folgten, an die unter obwaltenden Umständen natürlich jeweils mehr oder weniger »ferne Geliebte« gerichtet.
Als Groißmeier, neunzehnjährig, sein der vorpriesterlichen Erziehung dienendes Internat verließ, erkannte er sehr rasch, daß ihm zum Geistlichen doch das Entscheidende fehlte: der Wille, aller Weltlichkeit — so auch Liebe und Ehe — zu entsagen. Die Freiheit, sein Dasein auch mit allen Sinnen zu erfahren, mochte sein Temperament — das eines Künstlers — auf die Dauer nicht entbehren. Aber er verlor sich nicht in der anarchischen Freiheit des Bohemiens. Er entschloß sich zu einem »bürgerlichen« Beruf, besuchte drei Jahre die Bayerische Verwaltungsschule, bestand die Inspektorprüfung, erwarb nach siebensemestrigem Studium das Abschlußdiplom an der Verwaltungs- und Wirtschaftsakademie München und ist heute als Verwaltungsamtsrat Leiter des Sozialhilferessorts beim Landkreis Dachau.
Fragt man Groißmeier — nicht ohne Bewunderung —, wie er sein »Doppelleben« — hie Poet, hie Beamter — denn durchhalten könne, ohne in dem einen oder anderen an »Kondition« zu verlieren, verweist er auf klare Trennung der Sphären: den Alltag dem Beruf, den Sonntag der Lyrik, und dies in bewährter Regelmäßigkeit. Daß dabei nicht bloße »Sonntagslyrik« zustandekommt, ist das kreative Geheimnis eines Mannes, dessen beste Verse neben denen eines Schnack, Britting, von der Vring wohl bestehen können. Und waren nicht auch die Mörike, Keller, Storm unter der Woche »Amtspersonen« gewesen, durchaus nicht zum Schaden ihrer dichterischen Produktion? Freilich, ihr Doppelleben, es hatte »Schlagseite« — so auch das des Michael Groißmeier: Erst wenn gedichtet werden darf und soll, ist man ganz bei sich selbst, beim wahren Selbst — dem künstlerischen. Groißmeier nennt sein Schreiben eine Notwendigkeit, Befriedigung eines unabweisbaren Bedürfnisses, ohne die alle »Normalität« seiner fünf »bürgerlichen« Arbeitstage nicht zu bestehen wäre.
Einziges Stimulans, das er braucht, ist Musik, vom Band, von der Platte, Musik der Klassiker und Romantiker wie auch Moderner (Strawinsky, Hindemith, Martinu) — das »löst«, hilft die Schwelle überschreiten. Äußerlich *ent*spannt, wartet er »gespannt«, ob ihm etwas »einfällt«. Groißmeier bekennt durchaus ungeniert, noch auf Momente von Inspiration zu vertrauen, auch auf sie angewiesen zu sein. Seine Gedichte sind in diesem Sinne »Impromptus«, stimmungshafte »Eingebungen« des Augenblicks. Das heißt keineswegs, es seien ihnen nicht mancherlei Erlebnisse, Erfahrungen, Beobachtungen vorausgegangen — diese kamen sicherlich dem Einfall von heute, auf bisweilen kaum bewußten Umwegen, zugute. Indessen, Groißmeier zeigt keine Neigung, dem willentlich nachzuspüren — er ist nicht interessiert an poetologischer Theorie, an den — gegenwärtig mitunter so angestrengten — Versuchen, den Schaffensvorgang selbst zu reflektieren. Kommt es nicht nur

auf das Ergebnis, das Produzierte an? Seine ihm gemäße »Sprache« sei »naivmeditativ«, erklärt er, und die konstruktiv-ingeniöse Alchimie der Wörter, wie sie zahlreiche moderne Lyriker betreiben, seine Sache nicht. Das schließt natürlich ein bewußtes, oft langwieriges Arbeiten an jeder Zeile, jedem Vers nicht aus. Ziel ist aber immer nur, das — intuitiv — schon gewonnene lyrische Bild, um das allein es geht, noch deutlicher, klarer, anschauungskräftiger hervortreten zu lassen. Weitere Absichten, durch Schreiben zu »wirken«, — über diese hinaus: poetische Bilder zu vermitteln — werden nicht verfolgt: Produktion wie Rezeption von Gedichten sind sich — als Erlebniswerte — selbst genug.

Groißmeier hat die Versuche, erzählerische Prosa oder gar Dramatisches hervorzubringen, bald aufgegeben — er ist mit einer Ausschließlichkeit Lyriker, die für die Substantialität seines spezifischen Talents spricht. Nach »Einflüssen« und »Vorbildern« befragt, nennt er außer Storm, dem Jugend-Idol: Trakl als — gefährlichen, weil unweigerlich jeden Nachfolgenden ins Epigonentum verweisenden — Anreger seiner Frühzeit, sodann die hochgeschätzten und -geliebten Meister moderner deutscher Naturlyrik: Loerke, Lehmann, Krolow, Huchel, Piontek, den besonders verehrten Friedrich Schnack nicht zu vergessen. Erstaunlich, was Groißmeier auf der Linie dieser neueren Tradition immer wieder an kraftvoller und originaler Wirkung erzielt. Eine wichtige Rolle spielt daneben der lyrische »Japonismus« seiner Haikus und Tankas, in denen die tragende Rhythmik und Melodik der herkömmlichen Reimstrophe aufgegeben und die auf das eine, »reine« poetische Bild reduzierende Aussage erstrebt und — zumeist — erreicht wird. Für welchen der beiden Wege Groißmeier sich letztlich entscheiden mag: den solcher äußersten Verknappung oder den der jeweiligen phantasievollen Variation der traditionellen Reim- und Strophenlyrik, ist noch nicht recht abzusehen. Daß er auch auf dem zweiten, scheinbar geläufigeren, zu überzeugenden, eigenwertigen Resultaten zu gelangen vermag, erweist der vorliegende Band.

Das lyrische »Szenarium« Groißmeiers, um es so unfreundlich dürr zu sagen, bildet die ländliche Landschaft, die »Natur«, soweit sie noch nicht urbanisiert, industrialisiert, also denaturiert wurde. Städtische Thematik, auch die der technischen Bereiche und des menschlichen Lebens in ihnen, findet sich nicht — sie liegt außerhalb oder mindestens am Rande der poetischen Welt dieses Autors, der daraus selbst am wenigsten ein Hehl macht. Bewußte Selbstbeschränkung, ruhig-sichere Konzentration auf das einem Gemäße bekunden sich darin. Groißmeier »geht«, wie Benn es vom Dichter forderte, »von seinen Beständen aus«, »wabert nicht ins Allgemeine«, er hält sich an das, was ihm persönlich und ohne Vermittlung erlebbar bleibt. Verwunderlicher schon mag man finden, daß die gegenwärtige exzessive Zerstörung eben der Landschaft, aller außerindustriellen Lebensräume — ein Vorgang von nahezu apokalyptischen Ausmaßen — so gar nicht »Stoff« von Groißmeiers Dichten wird.

Aber indem dieses eine noch ganz unmittelbare, sympathetische Naturerfahrung gestalterisch dokumentiert, ist es selbst bereits Einspruch und Protest genug gegen die zivilisatorischen Verwüstungen, die solcher Erfahrung für immer — im wahren Wortsinn — den Boden zu entziehen drohen.

Groißmeiers Landschaft ist noch die geradezu archaische einer magischen Identität alles Lebendigen, der gefühlten Einheit hinter aller Vielheit, wo eines für das andere steht, eines in das andere übergehen kann. Der Mensch, den seine bewußtere Individuation aus dieser Einheit herauslöst, wird dennoch miteinbezogen in den allgemeinen Austausch — die poetische Phantasie »vergegenwärtigt« stets von neuem den Allzusammenhang, stellt den Rapport wieder her: »Meine Seele, licht / Brennt in Dahlienflammen«. »Übers Gras ein Windhauch weht / Über meine Lippen hin / Und ein leises Seufzen geht / Durch die Halme, die ich bin.« Die kosmische Verschwisterung mit dem umgebenden Leben führt zu Anthropomorphismen: »Weidenzweige« hebt der Wind »wie Wimpern«, und »im Laub« werden »Stimmen« vernehmlich, die mit »flatternden« Blätterzungen reden. Wie in der Romantik, in der »Naturmagie« der genannten neueren Lyriker, scheint die Grenze zwischen Mensch und Welt momentweise ahnungsvoll aufgehoben, dies auch in umgekehrter Richtung — von der Welt zum Menschen hin: die »Stimmen im Laub« vermitteln dem sie Hörenden ihrerseits geheimnisvoll Wirkliches, das sich kundgeben will.

Die zauberische Entgrenzung bleibt jedoch nicht auf das jeweils Gegebene, konkret Ansichtige beschränkt, sie öffnet das Fühlen ins zeitlich wie räumlich Ferne: Die Lilie des »chinesischen Blumenbildes« »duftet« über tausend Jahre »her zu mir«, auf dem »gotischen Marienbild« lächelt das Kind voll Leben, sind die Gräser noch warm, blühen die Rosen wie frisch — an historischer Stätte, ob Rothenburg oder Herrenchiemsee, sind, die sie bewohnten, für ein anderes Auge, ein anderes Ohr immer noch wahrnehmbar. Offen scheint der poetische Welt-Raum dieser Gedichte aber auch bis ins Numinose, weit jenseits der Dinge: Ein »fremder Wind aus Avalun«, der in den Garten »hereinweht«, ist vielleicht ein Bote, schon die leise streifende Berührung von Hummelflügeln »im Lupinenlicht« läßt Gottheit, die sich »verwandelte«, spüren. Das Erlebnis magischer Kommunion, mystischer »Anflüge« von Entrückung, mindert und mildert auch alle Scheidungen von »Fiktivem« und Realem, von »Geistigem« und Stofflichem, »Himmel« und »Erde« — die mehrfach wiederkehrende Zusammensicht in Spiegelung gedoppelter Erscheinungen (»Sommer am Inn«), wie auch die hintergründig vertauschende Analogie von Wurzel und Wipfel (»Märzabenddämmerung«), sind dafür bildhaftes Gleichnis.

Fehl ginge indessen, wer angesichts solcher Auflösung aller Gegensätze ein insgesamt harmonisch-»heiles« Welt-Bild problemloser »Geborgenheit« bei Groißmeier vermutete. Zu sehr lebt dieser Autor — kein ätherischer Schwärmer — aus der Erfahrung auch der kompakten Körperlichkeit alles Lebendigen, als daß er dessen Tragik aus dem Blick verlöre — die Tragik, die Vergänglichkeit heißt. Wie die allseitig »offene« Phantasie unbegrenzt in der Zeit zu schweifen vermag, »läuft« sie auch — heideggerisch gesprochen — »vor« in der Antizipation des Endes, des Vergehens der Einzelwesen, aus denen sich diese Welt zusammensetzt. Ihr Tod, seine ständige Drohung durchzieht als stummes Leid die nur scheinbar friedliche Natur: Unzählige Fischmäuler schnappen im windbewegten Pappellaub, »an tausend Angeln« verröchelnd, nach letzter Atemluft. Die geheime Kommunikation, vielmehr Identität von Welt und Mensch, macht auch diese imaginative Einfühlung möglich. Überall nimmt nun der Dichter die Zeichen des Todes wahr. Die sanfte, nichtsahnende Taube wird »auf Katzenpfoten beschleichen, sogar der strahlenden Sonnenblume hacken Vögel ihr »Sommerauge« aus. Er selbst aber, der spricht, sieht »in allem die Pfeilspitze / Gerichtet auf mich«, wie es schon im »Chrysanthemenmond«-Band hieß. »Die Wanduhr schlägt mir ins Genick« — Zeit ist auf einmal höchst real, eine Urgewalt, die — jeder Aufhebung in der magischen Phantasie spottend — am Ende »töten« wird. Im alt-symbolischen Bild der Mühle erscheint die Todesmacht, dämonisiert, ins Absolute gesteigert — noch die himmlischen Gestirne werden in den »unhemmbaren« Mahlgang hineingerissen. Und was ist gegen sie der Mensch? Selbst dem Auge des Falters, der doch so flüchtig, so kurzlebig ist, »zerfließt« er, kaum wahrgenommen, ein »grauer Schatten«, »zu Luft«. Das Laub an den Zweigen »erinnert sich nicht« an uns, womit unser Leben verrann, so wird es sich einst auch nicht an uns erinnern. Nach dem Geschriebenen, vermeintlich Überdauernden, züngelt schon bei der Niederschrift die räuberische Flamme. Was bleibt von uns? Nur »Hauch« und »Arom«, und wohl auch diese nicht. Aus einem der erstaunlichsten Gedichte spricht die helle Verzweiflung: »Niemals ruft einer: Lazarus, komm heraus!« heißt es da angesichts der schweren, dumpfen Erde, die das letzte Wort behält.

Kann solcher desillusionierenden Radikalität gegenüber bestehen, was sonst noch die Vergänglichkeitsfurcht zu ihrer eigenen tröstenden Überwindung »vorschlägt«? Die »Flucht nach vorn«: Aufgabe des Ich, seine rauschhafte Auslöschung im höchsten, süßen Genuß des Lebens (»Fruchtgrab«) oder aber vorphantasiertes Eingehen in einen der geliebten Bäume (»Als Baum«), Dahingewehtwerden, »Schweben« als — immerhin fortzeugender — »Weidensamenhauch« (»Mein Tod«)? »Fortdauer« im über- und außermenschlich Vitalen, das dieser Autor immer wieder fast orgiastisch beschwört, mit aller sensuellen Inbrunst des barock gestimmten Geistes: in der Zeit seiner machtvollen Entfaltung in panischer Pracht und Fülle, der hohen sommerlichen Zeit der »brennenden Gladiolen«, trunken in Birnen »schabender«, »schlürfender« Wespen. Aber dem Sommer, dem Mittag, folgen unabwendbar Herbst und Abend — nach ehrwürdigem Topos wiederum Mahnbilder jeglichen Schwindens und Vergehens. »Windwirbel«, die alles in ihr Kreisen und

Kreiseln ziehen, fahren durch die Landschaft, verwehen spukhaft Blüten und Blätter — sinnfällig gewordene Vergänglichkeit. Der Winter dann —: die eingetretene Starre, vollständiger Lebensverlust. Doch die tote, entseelte November-Welt, der alle Sterne »entschwirrten«, wird in letzten, fast volksliedhaft schlichten Versen aufs neue belebt — wenn auch »nur« in der halluzinatorischen Phantasie eines Sterbenden —: Lämmerherden umwimmeln wollig und warm den im Schneetreiben Verlorenen, Überwehten. Der kreisende Wirbel wird selbst zum Ort bergender Ruhe, hier »bei Hirt, Hund und Schaf« scheint alle Vergänglichkeitsfurcht — im Wissen des nun bejahten Endes — vergessen, überwunden.

*Heinz Puknus*

# INHALTSVERZEICHNIS

| | |
|---|---|
| Vorwort | 5 |
| Märzabenddämmerung | 9 |
| Märzmorgen | 10 |
| Pflaumenblüten | 11 |
| Der Falter | 12 |
| Dein Angesicht | 13 |
| Begegnung | 14 |
| In einer Sommerwiese | 15 |
| Unter einem Kirschbaum liegen | 16 |
| Nach einem Tanka | 19 |
| Torfstecher im Dachauer Moos | 20 |
| Herkunft | 24 |
| Im Gras | 26 |
| Sommer am Inn | 27 |
| Stimmen im Laub | 28 |
| Pappeln im Wind | 31 |
| Pappeln im Abendwind | 32 |
| Die schwarze Beere | 33 |
| Der fremde Wind | 34 |
| Rothenburg ob der Tauber | 37 |
| Hommage à Oskar Loerke | 38 |
| Gotisches Marienbild | 40 |
| Der Kirchturm | 41 |

| | |
|---|---|
| Zwiegespräch | 42 |
| Tauben | 44 |
| Taubentod | 45 |
| Traumgazellen | 46 |
| Herrenchiemsee | 47 |
| Garten im März | 51 |
| Blauer Rittersporn | 55 |
| Chinesisches Blumenbild | 56 |
| Der Einhornpfad | 59 |
| Aquarell | 60 |
| Gewitter | 63 |
| Im Lupinenlicht | 64 |
| Sommerabend | 65 |
| Unter dem Birnbaum | 66 |
| Das Fruchtgrab | 67 |
| Nächtlicher Garten | 68 |
| Die Sonnenblume | 69 |
| Feldweg | 70 |
| Widder, als hätten sie Flügel | 72 |
| Septembermorgen | 73 |
| Windwirbel | 74 |

| | |
|---|---|
| Wind. Ein wenig Regen | 75 |
| Und nichts ist geblieben | 76 |
| Mein Tod | 77 |
| Als Baum | 78 |
| Verlassene Fohlenweide | 79 |
| Sommermittag | 80 |
| Am Wegrand | 83 |
| Nachts | 84 |
| Als du starbst | 87 |
| Grabinschrift | 88 |
| Doch niemals ruft einer | 91 |
| Herbststurm im Dachauer Moos | 92 |
| Windmühle | 95 |
| Novemberabend | 96 |
| Amseln im Schnee | 99 |
| Dezembermond | 100 |
| Blick durch das Fenster | 103 |
| Dezembernacht | 107 |
| Winterabend | 108 |
| Schneetreiben | 111 |
| Nachwort | 115 |

# VERZEICHNIS DER ABBILDUNGEN

Bucheinband
*Carl Thiemann: Brügge, der Grüne Kai (Ausschnitt)*
Farbholzschnitt (1912), 393 x 435 mm (Merx 219 F)

Seite 17
*Carl Thiemann: Frühling*
Farbholzschnitt (1917), 248 x 196 mm (Merx 293 F)

Seite 21
*Carl Thiemann: Marabu*
Holzschnitt koloriert (1909?), 266x141 mm (Merx 152 SW)

Seite 29
*Carl Thiemann: Juni*
Farbholzschnitt (1916), 250 x 114 mm (Merx 273 F)

Seite 49
*Carl Thiemann: Schwanenfamilie*
Farbholzschnitt (um 1928/29), 229 x 280 mm (Merx 387 F)

Seite 53
*Carl Thiemann: Primel*
Farbholzschnitt (1921), 248 x 218 mm (Merx 321 F)

Seite 57
*Carl Thiemann: Clivia*
Farbholzschnitt (1912), 440 x 320 mm (Merx 227 F)

Seite 61
*Carl Thiemann: Segelboote*
Farbholzschnitt (1910), 245 x 250 mm (Merx 175 F)

Seite 81
*Carl Thiemann: Geranium*
Farbholzschnitt (1917), 347 x 260 mm (Merx 298 F)

Seite 85
*Carl Thiemann: Kater Murr*
Farbholzschnitt (1917), 260 x 180 mm (Merx 295 F)

Seite 89
*Carl Thiemann: Kleiner Segler*
Farbholzschnitt (1922), 150 x 80 mm (Merx 324 F)

Seite 93
*Carl Thiemann: Bei Dachau*
Farbholzschnitt (1959/60), 211 x 250 mm (Merx 461 F)

Seite 97
*Carl Thiemann: Tauwetter*
Farbholzschnitt (1917), 352 x 322 mm (Merx 289 F)

Seite 101
*Carl Thiemann: Bach im Winter*
Farbholzschnitt (1915), 245 x 200 mm (Merx 265 F)

Seite 105
*Carl Thiemann: Winter (an der Amper)*
Farbholzschnitt (1916), 250 x 200 mm (Merx 275 F)

Seite 109
*Carl Thiemann: Winter*
Farbholzschnitt (1908), 395 x 295 mm (Merx 108 F)